SOLO SONETOS

Carmen Díaz Yergo

SOLO SONETOS

Arrebol Editores
Poesía

Edición: Vladimir Díaz Yergo

Primera Edición: noviembre de 2014
© Arrebol Editores
España

ISBN: 978-84-943339-0-3
        8494333909

HOMENAJES

TENDRIAS QUE

Homenaje a Idea Vilariño

Tendrías que llegar como un anhelo.
Tendrías que alegrarme cuando pasas.
Tendría que florecer cuando me abrazas.
Tendrías que curar mi desconsuelo.

Tendrías que bajar del cielo al suelo.
Tendrías que habitar mi voz, mi casa.
Tendrías que quemar como una brasa.
Tendrías que pagarme mi desvelo.

Sin embargo, de tanto desafuero,
de tanto amor poblando mis jardines,
quedan solo el dolor, el desespero;

tu huella, y el silencio y los trajines,
que ayudan a poblar tu desapego,
y devuelven su luz a los jazmines.

MODERNIDAD

Homenaje a Lope de Vega

Ya sonetos no manda a hacer Violante,
aburrida de amantes otoñales,
prefiere el morbo ver en los canales
de la tele, que es porno y excitante.

Don Quijote bajó de Rocinante
Para montar un jeep todoterreno,
sin adarga, ni escudo, pero al menos
seguro de alcanzar a los gigantes.

Ya no hay alfombras mágicas, volantes,
ni genios encerrados en botellas,
ni caballeros del amor galantes.

Huyen los tiernos monstruos de doncellas
que oscurecen al cielo con diamantes,
¿Y qué se le va a hacer? ¡La vida es bella!

DEMASIADO

Homenaje a León de Greiff

¿No has visto el mar, De Greiff,
                                despampanante,
como un grito que aviva los sentidos,
salitre y yodo y sal estremecidos,
legítima expresión de un dios danzante?

Al mar me voy, azul y delirante,
a ver si en el tridente de Neptuno
encuentro el corazón inoportuno
que me ha robado Cronos, el maleante.

No comparto la sed del navegante,
ni me reta el azul desconocido
donde Ariel se estrenó como cantante.

El mar lo cura todo, y ya es bastante,
ver de Apolo el fulgor recién nacido,
y la resurrección de las bacantes.

PREMONICION

Homenaje a César Vallejo

Ni en jueves, ni en Paris con aguacero,
ni en Bogotá, ni en Londres con neblina,
seguro he de morir en mi cocina
mirando por la puerta los luceros;

Bebiéndome el café del desespero,
oyendo las canciones de Sabina,
llenándome, de humo y nicotina,
penando por noticias del cartero.

El tonto que se sienta en la colina
es mi hermano de sangre, compañero
del que el violín tocando desafina.

Por eso en mi sepelio, con sordina,
como en New Orleans, yo que toquen quiero,
y un juglar, que recite Sonatina.

MISTICO

Homenaje a Emilio Ballagas

Vamos en la tiniebla confundidos
huérfanos de la luz que nos reclama,
persecutores que al Oriente llama
la mística de un dios desconocido.

Ángeles orgullosos y perdidos,
obsesos del fulgor que hay en la flama,
cegados por el lujo y por la fama,
vamos, justificando los olvidos.

Eco decapitado del sonido,
la voz oscura que en desierto clama
nos levanta del polvo redimidos.

Misterio del amor, que a ciegas ama,
un solitario espejo, un dios caído,
nos protege, nos urge, nos aclama.

GRACIAS POR LOS JAZMINES

Homenaje a Raúl Hernández Novás

I

Humilde el corazón que se disloca
lleva tiernos cantares a la reja
como al dulce panal lleva la abeja
la gracia de la flor que leve toca.

¿No llegan como un eco a tus orejas
los ayes que se escapan de su boca?
¿Huyes del corazón que se desboca
y no escuchas su voz cuando te alejas?

¿Quién eres tú, que su pasión provoca,
y no te importa nada cuando dejas
al pairo su ilusión tímida y loca?

Yo guardaré del bardo las consejas,
y como lenta el agua horada rocas,
como agua en piedra verteré sus quejas.

II

Como entrega la flor su oscura esencia
en los yertos, callados corredores.
Así se entrega el alma a los amores,
sin reserva, sin paz, y sin conciencia.

Venido que es el tiempo de la ausencia
la alondra canta, no los ruiseñores;
es pura luz el tiempo en los balcones,
enemigo es el sol de la imprudencia.

Saciado el corazón de sus ardores,
del sueño, el vino, la gentil querencia,
queda solo al cantor pulir los sones.

Al arpa cede el cuerpo su impaciencia;
así pueblan el aire las canciones,
sin voz que justifique su presencia.

III

De amor son todas las canciones locas
que sonaron un día en tu ventana.
Era la vida, el sol, y era mañana,
y hoy es ceniza todo lo que tocas.

Pesaba el corazón como una roca,
tornábase el amor ilusión vana,
fugaz era la rosa que galana
alguna vez acarició tu boca.

Queda solo tu voz en honda huella,
envuelta entre la grama y el rocío;
tu voz, enamorada de una estrella,

indiferente al tiempo y al vacío,
que flora a su pesar, con la más bella
sinfonía en jazmín del suelo mío.

IV

No todas las estrellas son fugaces.
Ni solo en el jardín hay rosas bellas.
No todas las canciones dejan huellas.
Ni los sueños amables son veraces.

Es duro amar la vida sin disfraces
cuando todo en la vida son querellas;
tan solo pueden verse las estrellas
con los anhelos puros y tenaces.

Aunque la suerte anime a los audaces,
no siempre llega lejos quien descuella;
espejismo es la gloria a los voraces.

Vidrio es, a veces, lo que al sol destella,
aunque colores tenga tan vivaces.
Breve es la gloria que el olvido sella.

V

Payasos y guerreros somos uno,
ansiosos de que nazcan las verdades;
ebrios de ver absurdas realidades
de las que no se escapa loco alguno.

Nadie es dueño de nadie y no hay ninguno,
que paz abone y que ventura calle,
prisioneros que somos de este valle
donde llaman al sueño inoportuno.

No importa de qué talla es la armadura
que proteja del mal al caminante;
siempre es la guerra cruel, la vida dura.

Siempre hay molinos cuando no gigantes,
no a todos guarda la gentil locura,
ni todos los infiernos son del Dante.

VI

Como un pájaro hostil pasa el verano,
noticias trae al fondo del infierno:
que no hay otoño, solo un triste invierno,
para quien no guardó pizca de grano.

Hermosa fue la lucha, mas fue en vano,
es lejos y difícil lo risueño;
demasiados colores tenía el sueño,
para que no escapara de la mano.

El bardo triste, el loco esperanzado,
juguetes son de una intención demente.
es tarde ya, y oscuro, está cerrado,

el cielo, que era azul y transparente.
Es agua turbia el agua que ha pasado
y nunca ha de cruzar el mismo puente.

VII

El torpe esclavo, el hacedor de historia,
el que no tiene suyo nada en mano,
ya nada espera, sabe que es en vano,
que eternamente girará la noria.

Eternamente girará, no hay gloria,
amargo el fruto es, largo el verano,
ningún secreto guardan los arcanos,
la cigarra que canta es la memoria,

y su cantar se escucha muy lejano.
No es la gloria o la fama o la ventura,
lo que grandeza brinda al ser humano.

Es la fuente tenaz de su ternura,
lo que renueva al árbol ya cansado,
lo que en su frente brilla con luz pura.

VIII

Busca la paz, y es pena lo que estalla,
en las manos del triste peregrino,
mientras sueña con rosas su destino,
el corazón aullante le restalla.

Grande es su sed, y ruda la batalla,
sangra la herida abierta en su costado,
tiembla en su voz el silbo desgarrado
que no acierta a esconder lo que se calla.

Grande es su sed, y muy amargo el vino.
No puede el corazón cubrir la falla.
Ni puede el oropel ser oro fino.

¿Y la paz dónde está? ¿Dónde se halla
si tan absurdo y pobre es el camino?
La vida rompe lo que el arte talla.

IX

Adiós, dijiste, voy con los juglares,
de ellos es la sed, la lumbre, el trino,
y los paisajes mudos de camino,
y la ceniza de los viejos lares.

De sus flores la miel, de su odre el vino,
de su lira el cantar de los cantares,
y los inquietos vientos siderales
que aroman el verdor que hay en los pinos.

Con ellos cruzaré sierras y mares;
eso decías ayer, buen peregrino.
Los que juegan a los nones y pares,

los que tiraron al azar tu sino,
esperan por tus nuevos avatares,
barajan a los naipes tu destino.

X

Ya no te inquietan los amargos seres
que te hicieron sentir cosas tan hondas,
lejano vagas por las quietas frondas,
y va tu corazón donde prefieres.

Es tuyo el canto eterno y si no quieres,
cantar los sones que quisiste tanto,
entonar puedes la oración del llanto,
y puedes ser, al fin, tal como eres.

Está tu corazón quieto en la sombra,
alejado de absurdos pareceres,
nada te inquieta ya, nada te asombra,

ausente de la gloria y los placeres
silencio eres, que el silencio nombra,
tu luz perdura en los atardeceres.

SOLO SONETOS

LOS NUEVOS

De amores ellos no quieren historias,
ni versos, porque amar está gastado;
está el mundo sin luz, atribulado,
queda lejos la tierra promisoria.

Sin embargo, vivir es una euforia,
cuando, sin estrategias de mercado,
un cuerpo en seda cruda, regalado,
desarticula el giro de la noria.

El mundo que vivir nos ha tocado,
mientras ha sido mundo y hay memoria
da tumbos como trompo mal bailado.

Vamos pues, a pactar con lo soñado,
a inaugurar las puertas de la gloria.
Vámonos a crear lo no creado.

A UN AMIGO EN SU CUMPLEAÑOS

Para Julio Rodríguez Sánchez.

Del huérfano panal de mi poesía,
exprimo gota a gota, panes, peces,
para retribuirte con las creces
el bocado de amor de tu hidalguía.

Espero estés libando la ambrosía,
inmune a los estragos del veneno,
a recaudo del agua y de los truenos,
y de la universal hipocresía.

Te deseo, felices cumpledías,
como dijera Benedetti antaño;
y no olvides tomar fotografías,

que el vino se mejora con los años,
mas no, nuestra mortal anatomía,
y no hay quien indemnice por los daños.

GRACIAS

Del ruido de las armas de la muerte
al reguetón que baila mi vecina
mientras su cuerpo entero se calcina,
hay transición que suena diferente.

Del grito de dolor del torturado,
que en la nota del diario estuvo ausente,
a los gritos de amor de los dementes
que se devoran vivos aquí al lado,

no hay posible elección, ente amargado:
dar gracias, al pregón de los helados,
a las flores que gritan sus espinas,

al dominó caliente de la esquina,
al que en el baño canta y desafina,
al coquito de amor caramelado.

AQUI

Aquí la yerba crece aunque no quieras,
y es verde, más allá de la esperanza,
aferrada a un jirón de la confianza
que espera ver tornar las primaveras

Aquí, el tiempo preso, no libera
pájaros atontados por las nubes,
soñando parecerse a los querubes
que habitan en las fúlgidas esferas.

Aquí soporto mi compás de espera
mientras el tirador limpia la mira
del fusil con que matan la quimera.

Aquí, golpean el gong y no la lira,
cada vez que de un olmo cuelgan peras,
aunque el Fénix no ha vuelto de la pira.

ORIGENES

Antes era más fácil la poesía
cuando el mundo era joven y lozano,
cuando el hombre estrenaba mundo y mano;
no era dios, pero a veces lo creía.

Ahora el mundo se ha vuelto veterano
ya no es más oro el sol que parecía,
aventura ya no es la travesía
del escéptico y triste ser humano.

Ahora, del amor nos escapamos,
como si fuera plaga fastidiosa,
nadie en jardín ajeno roba rosas

para llevarlas a su bienamada,
los gallos ya no anuncian la alborada,
y la sinceridad es peligrosa.

POETICA

Cantar puedo los trigos y las mieses,
la viva rosa del jardín vecino,
y puedo trashumar en los caminos
del dolor, del amor y de las heces,

sedimento del alma de los vinos.
Cantar puedo verdades y reveses,
flamear en el ardor de los cipreses,
y compartir azules con los pinos.

Puede quemarme el alma el desatino
de un paisaje otoñal cuando florece.
Y sin alas volar, si me imagino

que te acuerdas de mi cuando atardece
en la serena comunión de un trino,
en la rama que seca reverdece.

IKE

Ciclón Ike barrió toda Cuba – Reuters.

Como un loco golpeando los tejares,
como un lobo que aúlla pasa el viento,
y nos deja sin paz y sin aliento
de rodillas rezando en los altares.

Polifemo, borracho y descontento,
a Ulises persiguiendo por los mares.
Furia que arrastra techos y pesares,
a gritos sordo, ciego a los lamentos.

Pasa su furia sin remordimientos
como suelen hacer los inmortales,
inmunes al dolor y al sufrimiento.

Briznas somos en él, tristes mortales,
arcilla, polvo, lágrimas sin cuento,
angustia que se pierde en los eriales.

FATALIDAD

De Safo a mis sonetos con estribo,
de la Ilíada al Señor de los Anillos,
ya se que hay mucho espacio y no hay un

                                  trillo,
por donde pasar pueda lo que escribo.

Como canciones hay sin estribillo
que sin embargo el público repite,
me atrevo yo a rimar, si no compite
mi musa barriotera con su brillo,

al menos, que se siente en el banquillo,
a esperar que sus jueces den sentencia,
mientras el hilo ovillo y desovillo

de esta desordenada contingencia;
o se ponga a silbar en el pasillo
un son, que le despeje la conciencia.

NO LO LLAMEN

Para mi hermano Juventino.

Al que no está, no llamen, que no puede
venir de los derribos de la muerte
el que en la sombra intacta yace inerte
sin importarle ya que el mundo ruede.

Se fue donde el bullicio le reclama
de un paraíso, hecho a su medida,
donde su muerte iguala con su vida
la flamígera urgencia de la llama.

Allí estará, desafinando sones,
preludiando sentencias de boleros,
santiguando a los ángeles con rones;

esperando que caiga un aguacero
que le devuelva vivas sus canciones
para seguir cantando el manicero.

**

Inquieta vocación que me tortura.
Voraz y ansiosa lluvia que me cala.
Absurda conjunción de garra y ala,
con que transcurro el tiempo que me apura.

Avara de sus dones la fortuna
para mi no guardó corona, ni ara;
lira me dio, y fluir del agua clara,
y polvo argénteo de la triste luna.

Temo al ir y venir del tiempo raudo,
pero nunca desdeño la hermosura,
aunque la vida rompe lo que aplaudo.

Voluntad de atrapar lo que fulgura
y ponerlo a brillar a buen recaudo
para que no se acabe la ternura.

YOLANDA

Para mi madre.

Siempre supiste ir, del muro al sueño,
y siempre en un alarde de bravura,
supiste defender de la amargura
los frágiles retoños de tu empeño.

Nunca hubo para ti, ni rey, ni dueño,
y nunca renunciaste a la locura
de hacer, con manantiales de ternura,
que floreciera un mundo más risueño.

Ya vencen los cansancios tu estatura,
y tu frente se torna venerable,
pero tu risa sigue terca y dura.

Aunque el tiempo te torne vulnerable,
no me abandones en la noche oscura,
dadora de mi luz, ensueño amable.

NADIE

Amores que viví y hoy son historia,
lugares en que anduve de prestado,
huellas en las que el tiempo aprisionado
se inscribe en el cristal de la memoria.

Cuerpos que abrieron para mí la gloria
de un cielo de oropel deshabitado.
Instantes, que al placer de lo robado,
sumaron el placer de la victoria.

Se que toda dulzura es transitoria.
Se que es nula heredad el bien pasado,
que toda vanidad es ilusoria;

pero aunque no es eterno lo gozado,
y ninguna bondad es meritoria;
nadie puede, quitarme lo bailado.

COMO DICE EL REFRAN

Así como repite el papagayo
palabras que se van quedando huecas
repite el clown, su colección de muecas,
sin que precise hacer ningún ensayo.

Yo no se si me hallo o no me hallo
en este absurdo baile de muñecas,
donde enredan el hilo de las ruecas,
y se vuelven ratones los caballos.

Por alquimia diabólica se trueca
en fuegos de artificio luz de rayo,
en sitio inaccesible toda meca,

y en escalera al cielo todo fallo.
Al que le duela esta verdad a secas,
como dice el refrán, que vista el sayo.

UNA VEZ

Una vez a la sombra de un cuento,
quise yo, con la punta de un ala,
como eras tú mi amor, y yo tu amada,
perpetuar con mis versos el momento.

Con tu nombre rimé la madrugada
y tu rostro pinté en el firmamento,
y como fue tu amor pluma en el viento,
se convirtió en ceniza y polvo y nada.

Aún visto con estrellas cada intento.
Renuevo con mi sed cada alborada
porque, de dar amor, no me arrepiento.

Prefiero al arrebol de las mañanas
sumar colores que resentimientos,
y dar lustre, no orín a la enramada.

MI GENTE

Los cubanos

Original, y cursi, y agresiva.
Amiga de saber, y muy caliente.
Estúpida, sensual, irreverente.
Pagada de sí misma, sorpresiva.

Ocurrente, tenaz, escandalosa.
Violenta, musical, incontinente.
Vanidosa, capaz, con muy buen diente.
Histérica, romántica, golosa.

Abundan en su grey los: cualquier cosa,
los don nadie, los hijos del vecino,
y la bruja del frente, la chismosa,

y, la que equivocó su buen camino.
Esta es mi gente, única, sabrosa,
con ella se define mi destino.

SONETO DE OCASIÓN

No me puedo escapar de tu mirada
que cuándo besa en mí, fuego provoca,
esa mirada que es como una boca
insaciable y voraz, y esperanzada.

Tiembla en mi corazón tímida llama
que no se atreve a ser volcán ardiente,
y en ese tu mirar, fuego sonriente,
vibra un sueño de amor que me reclama.

Dime que no te vas, y yo me quedo,
en tu cárcel de lava aprisionada,
sin querer escapar, por más que puedo,

que a tu furor nocturno estoy atada,
y aunque tierno descanso me concedo,
me moriré en tu cuerpo calcinada.

Ese tenaz silencio que no alcanza

Ese tenaz silencio que no alcanza
a transformar en voz lo que perdura;
árbol que no da frutas de cordura,
ni encuentra en la razón su semejanza.

Vuelve a mi torso herido, como lanza,
Y no escapa mi cuerpo del madero.
Resurrecta mi angustia desespero
de que en mi carne anide la esperanza.

Venga el transido verbo en que libero
tanta turbia y dolida remembranza.
Venga el puro y arisco compañero

a enamorar temblando la confianza.
Rompa a mis pies el cáliz de que muero.
Torne al fin la palabra a su pujanza.

SONETOS DEL AMOR DOLIENTE

Para quien fue, aunque no fuera…

"Esta es un agua sonámbula que baila y que

camina por el filo de un sueño…"

Dulce Maria Loynaz.

I

Obsesión que tenaz gime en mi canto.
Murmullo que no alcanza a levantarse.
Canción siempre dispuesta a quebrantarse.
Sollozo que no llega nunca al llanto.

Petición que no llega a formularse.
Quimera que se troca en desencanto.
Angustia, que tornándose en quebranto,
amordaza mi voz, sin liberarse.

Así voy, así vengo, así rendida,
agua, que besa y muerde, sin cansarse,
arenada extensión desconocida.

Amor, que no te apartas de mi vida,
aunque jamás consienta en entregarse,
flórame así, con tu esplendor, la herida.

II

Qué bien que voy por tu querer sufriendo,
permanente presencia fugitiva,
y que en el fuego que tu amor esquiva
tan viva estoy de ti que voy muriendo.

Qué bien que pueda enmascarar sonriendo,
la devorante sed que me fulmina,
y al adorar tu imagen que ilumina,
pueda a veces fingir que voy viviendo.

Ya sé, que entre tú y yo, solo hay un veto,
y que tengo en tu piel cumplida sombra,
mas mi fiel corazón acepta el reto.

Qué bien, que en esta ausencia que te nombra,
mi ardido corazón guarda el secreto,
de ser, la permanencia que te asombra.

III

No basta la distancia en que te esquivo,
a libertar volando al prisionero
afán de tu caricia en que me muero,
apego de tu sombra en la que vivo.

Oculto queda el lazo que furtivo
A tu vida me une, aunque no quiero.
Gentil azar, que me persigue fiero,
a mi tierno reclamo fugitivo.

Llorando voy esta ilusión oscura,
que tu despego vuelve tiranía.
Ya no puedo olvidar mi desventura.

Nunca del sentimiento se desvía,
esta ansiedad, de tu total ternura,
que mi terrible soledad ansía.

IV

¿Cómo, a tu lado, huir de tu presencia?
¿Cómo olvidar lo que jamás olvido?
¿Cómo negar, queriendo, lo querido
y ausente, resistir tu permanencia?

Atormentada voy por tu querencia,
viviendo sin querer lo que no ha sido,
añorando en mi piel lo no vivido,
herida por el filo de tu ausencia.

Flor, que a mi vida ardiente en la marea,
llegaste, iluminando mi penumbra,
no hay en mi interior paz que no sea,

vivir con esta estrella que me alumbra.
y aunque tu corazón mío no sea,
a estar sin ti, mi ser no se acostumbra.

V

Llovido sol que mi silencio añora.
Tibio refugio que mi amor presiente.
Fulgor alado que mi pecho siente.
Flecha febril que mi constancia dora.

Negada risa que mi espacio flora.
Lágrima, detenida e impaciente
que se obstina en volcarse, dulcemente,
en la dormida fuente que la ignora.

No me resigna el tiempo a no tenerte.
No puedo renunciar a tu mirada.
En vano trato, amor, de no quererte,

cautiva de tu miel ensimismada.
Y aunque pretendo, amor, que soy más fuerte
a tu vera me postro, derrotada.

VI

De tu carencia voy languideciendo,
esclava de la luz que te corona,
postrada sierva que el amor devora,
de tu rigor nevado padeciendo.

Van mis ojos tu sed ennegreciendo.
Va en mi sueño la ausencia de tu aroma.
Va llorándola el cuerpo que te adora.
Te nostalgia el dolor que va creciendo.

No se cansa mi amor de contemplarte.
Hechizo que fatal mi ser conjura.
No me alcanza la voz para llamarte.

No se apaga el ardor que me tortura.
Y aunque quisiera a veces olvidarte
no puedo renunciar a mi locura.

VII

Ignoro yo a qué extraña melodía
tu éxtasis de amor se corresponde.
Esa, dormida nota que se esconde,
y acuna sin cesar mi fantasía.

Eco velado que a mi voz responde.
Delicada y potente sinfonía,
en que tu lira vibra con la mía,
y he escuchado sonar, yo no sé dónde.

Inaudible y ardiente serenata,
llena de fuego el aire que respiro,
no ignores la nostalgia que me mata.

Fuga inasible que llorando admiro,
desgranada y celeste cabalgata
acúname en el tiempo de un suspiro.

VIII

Música de tu voz siempre constante
que en su esplendor me tiene torturada,
dulzura de cadencia demorada,
que hace temblar mi corazón amante.

Armonía que vuela fascinante
y se posa en mi alma enamorada.
Tierna alondra de luz martirizada
que se entrega besando susurrante.

Soñando con oírle lo que espero,
sin poderla olvidar un solo instante
latiendo en su sonido desespero.

Alunada. Doliente. Suplicante.
De ti no puedo huir, por más que quiero,
embriagada en tu voz obsesionante.

IX

En mi nocturna fiebre vas creciendo
tenaz deseo que en mi pecho mora,
furtiva bacanal en que te adora
el alma que tu cuerpo va queriendo.

En esta ardida sed que voy sufriendo
el corazón doliente que te implora,
se inventa una ilusión que se demora,
una pasión, que en sueños va viviendo.

Va mi boca tu beso descubriendo,
rompiendo la distancia abrumadora.
Tu imagen voy, haciendo y deshaciendo.

Y voy feliz, rendida y soñadora,
olvidada del tiempo en que muriendo,
abandonado el corazón te llora.

X

Mi corazón, que a veces se equivoca,
se empeña en conquistar tu voz ausente,
alimentando sueños sin presente,
negándose a admitir que se disloca.

Sueña mi corazón, sueña tu boca,
cariciosa en mi piel, y sonriente.
Mi corazón, que es terco e impaciente,
quiere a tu sueño ser lo que provoca.

Quiere a tu lado ser lo que pretende,
un jardín floreciendo en una roca.
Y no quiere aceptar lo que no entiende:

que ilusorio clavel es lo que toca.
Que un nevado vergel jamás se enciende.
Y me entrega a tu amor, férvida y loca.

XI

En el fondo de mí siempre te siento.
Y es tu mirada clara, tu mirada,
la que enciende mi sol en la alborada,
la que me labra el sueño en que me asiento.

Es, tu mirada clara mi tormento.
Y en mi silente noche desolada,
cuándo ausente de ti, voy desgarrada,
tu mirada es mi solo pensamiento.

Estoy de tu mirada padeciendo.
Lejana de tu amor, abandonada.
Y retener tus ojos voy queriendo.

Mariposa en su lumbre atormentada,
para sentir, amor, que estoy viviendo,
aunque en su lumbre muera fascinada.

XII

Lumbre que va, quemándome implacable,
mientras me niega el tiempo lo que ansío.
Rebelde adoración en que porfío,
obstinada en lograr lo imponderable.

Fugaz ensoñación en que culpable,
Se entrega la pasión al desvarío.
Corriente oscura que arrebata el río,
y se vuelva en el mar, indomeñable.

Paz del olvido en que beber confío:
Arrúllame la sed imperdonable,
apágame el ardor de su desvío.

Entrégame tu rosa más amable.
Libera al fin, al corazón bravío
Deja pacer al ciervo vulnerable.

Soneto imperfecto para mi soledad

Anda mi soledad, que sola anda
aullándole a los perros, a la luna,
al árbol y a la sombra, a la sombras,
y al claro donde duerme la fortuna.

Anda mi soledad, mísera y sola,
sin palabras, sin manos y sin ojos.
Anda mi soledad y es un antojo
de tibios labios y de dulces hombros.

Es una soledad tan maltratada
tan hambrienta de voces, tan ayuna,
que ni vivir me deja la cuitada.

Anda mi soledad, y no hay ninguna
tan íngrima, tan sola, tan callada,
que a veces me parece que no es una.

INDICE

www.ingramcontent.com/pod-product-compliance
Lightning Source LLC
Chambersburg PA
CBHW071851020426
42331CB00007B/1948